CHAMBRE DE COMMERCE
de Troyes

RÉVISION DE LA LOI

SUR

LES FAILLITES

RAPPORT

PRÉSENTÉ

PAR M. Félix FONTAINE

Président de la Chambre, ancien Président du Tribunal de Commerce

ET DÉLIBÉRATION

Séance du 7 Octobre 1885

TROYES

IMPRIMERIE ET LITHOGRAPHIE DUFOUR-BOUQUOT

RUE NOTRE-DAME, 43 ET 41

1885

CHAMBRE DE COMMERCE
de Troyes

RÉVISION DE LA LOI

SUR

LES FAILLITES

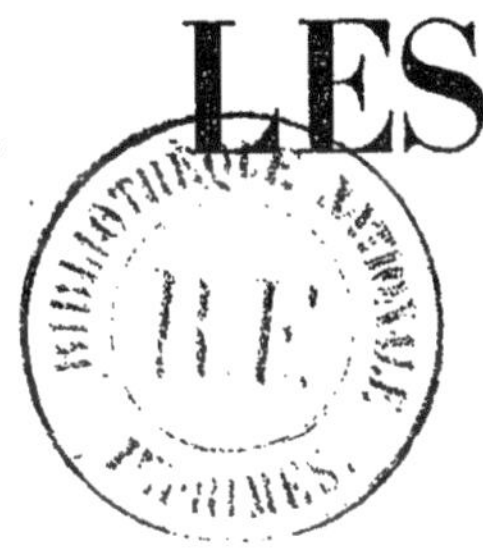

RAPPORT

PRÉSENTÉ

PAR M. Félix FONTAINE

Président de la Chambre, ancien Président du Tribunal de Commerce

ET DÉLIBÉRATION

Séance du 7 Octobre 1885

TROYES

IMPRIMERIE ET LITHOGRAPHIE DUFOUR-BOUQUOT

RUE NOTRE-DAME, 43 ET 41

1885

RÉVISION DE LA LOI

sur

LES FAILLITES

RAPPORT ET DÉLIBÉRATION

Séance du 7 Octobre 1885

M. Félix Fontaine, Président de la Chambre, au nom de la Commission[1] chargée de l'examen des modifications à apporter à la loi sur les faillites, donne lecture du rapport suivant :

MESSIEURS,

Monsieur le Ministre du Commerce demande votre avis sur certaines modifications à introduire dans la législation en matière de faillite. Depuis un certain temps déjà, les Pouvoirs publics se préoccupent de cette question. Une

---

[1] La Commission était composée de : MM. Félix FONTAINE, Président, Emanuel BUXTORF, GÉRARD-MILLOT et Gustave MASSON, tous anciens membres du Tribunal de Commerce.

Commission de la Chambre des Députés, saisie de l'examen
d'un projet de loi déposé à cet effet par le Gouvernement
en 1882, et de deux propositions émanées de l'initiative
parlementaire tendant au même but, a elle-même élaboré
un projet qui diffère notablement des propositions primi-
tives et qui serait un remaniement complet du Code. C'est
principalement sur ce dernier projet que vous êtes consul-
tés.

Vous nous avez chargés, Messieurs, de l'étude de cette
importante question; nous venons vous rendre compte de
notre mission :

La loi proposée est avant tout destinée à répondre à un
mouvement général d'opinion, dirigé contre la gravité des
nombreuses incapacités légales qui, tant au point de vue
civil et politique qu'au point de vue commercial, frappent,
sous le régime actuel, tous les faillis indistinctement, aussi
bien ceux qui sont simplement victimes de malheurs imprévus et immérités, que ceux dont la chute a pour cause une
conduite ou des entreprises reprochables.

Nous n'avons pas à insister près de vous, Messieurs, sur
la convenance ou plutôt sur la nécessité d'une réforme.
Vous avez reconnu depuis longtemps que la législation actuelle place injustement le failli honnête dans une situation
beaucoup trop pénible; il ne vous a point échappé que le
commerçant malheureux, ne trouvant pas dans la loi le
moyen de sortir honorablement d'une position embarrassée,
se trouve poussé, pour ainsi dire malgré lui, à aller jusqu'au bout dans la voie de la ruine, en compromettant de
plus en plus ses intérêts comme ceux de ses créanciers, et
vous n'avez pas attendu jusqu'à cette heure pour déclarer
qu'il est indispensable de rendre les dépôts de bilans plus
faciles et moins compromettants qu'ils le sont aujourd'hui.

C'est dans cette pensée que, dès le 22 novembre 1871,
la Chambre de Commerce de Troyes, ayant à s'expliquer

sur une proposition relative aux concordats amiables, demandait que la loi sur les faillites fût révisée, et émettait le vœu :

« Que tout commerçant qui, de son propre mouvement,
» ferait sa déclaration de cessation de paiements et dépo-
» serait son bilan, selon les prescriptions des articles 438
» et 439 du Code de Commerce, ne soit tout d'abord dé-
» claré qu'*en état de suspension de paiements,* et que,
» dans ce cas, ce ne soit qu'après la délibération sur le
» concordat que le Tribunal prononce, s'il y a lieu, la dé-
» claration de faillite;

» Que le commerçant déclaré *en état de suspension de*
» *paiements* soit soumis à toutes les prescriptions renfer-
» mées au titre I de la loi sur les faillites et à tous les effets
» qu'elles produisent, moins la qualification de failli, en
» subissant néanmoins et provisoirement les incapacités
» légales qui y sont attachées;

» Que si les créanciers, réunis en vertu des articles 504
» et suivants du Code de Commerce, ne consentaient pas
» à un concordat, le commerçant en état de suspension de
» paiement, reçoive de plein droit la qualification de failli,
» et soit frappé de toutes les incapacités qui y sont atta-
» chées ;

» Que si, au contraire, il intervenait un concordat assu-
» rant aux créanciers un dividende montant au moins à
» 75 %, le Tribunal, sur l'avis favorable de ces derniers,
» ait la faculté, en homologuant le concordat, de déclarer
» le débiteur définitivement affranchi de la qualification de
» failli et de toutes les incapacités qui en sont la consé-
» quence. »

Vous voyez, Messieurs, que vous n'avez pas été des derniers à provoquer le mouvement qui se produit aujourd'hui
en faveur des débiteurs malheureux et de bonne foi; il nous
a semblé utile de rappeler ce précédent avant de pénétrer
plus avant dans la question.

Le projet de loi élaboré par la Commission de la Chambre des Députés contient, sous une forme différente, des dispositions analogues à ce que nous proposions en 1871, mais il renferme aussi d'autres innovations très graves sur lesquelles nous aurons à nous expliquer.

Les auteurs du projet ont cru devoir remplacer et refondre entièrement tout le livre III du Code de Commerce, c'est-à-dire tout ce qui régit actuellement les faillites. La loi proposée deviendrait un nouveau livre III, composé du même nombre d'articles que l'ancien; il serait divisé en cinq titres portant les intitulés suivants :

Des Liquidations judiciaires ;

De la Faillite;

Des Dispositions communes aux liquidations judiciaires et aux faillites;

Des Banqueroutes ;

De la Réhabilitation.

La Commission propose, en outre, une modification importante dans la législation relative aux effets de commerce en cas de faillite.

Nous plaçant tout d'abord à un point de vue général, nous ferons remarquer que les dispositions contenues dans l'ensemble du projet paraissent beaucoup trop compliquées. Nous croyons pouvoir démontrer que plusieurs d'entre elles sont insuffisantes ou dangereuses ; quelques-unes sont dépourvues de sanction légale et deviendront souvent illusoires.

D'ailleurs, nous ne sommes point partisans de cette refonte complète d'une législation qui peut avoir besoin de certaines réformes de détail rendues nécessaires par la marche du temps, mais qui constitue un ensemble auquel nous ne croyons pas que l'on puisse toucher impunément. La loi sur les faillites, qui date de 1838, a été l'œuvre de jurisconsultes éminents, elle a pour elle une pratique de près d'un demi-siècle, durant lequel la jurisprudence l'a complétée en l'interprétant, pendant que nos mœurs commerciales s'y habituaient. N'y a-t-il pas un très grand danger de passer ainsi du connu à l'inconnu, d'un régime éprouvé à un système nouveau dont il est impossible de prévoir les résultats ? Ne vaudrait-il pas beaucoup mieux conserver ce qui existe, en l'améliorant et en l'appropriant aux besoins de l'époque actuelle par quelques modifications faciles à introduire?

Nous aimons à penser, Messieurs, que vous répondrez affirmativement à ces deux questions et, qu'à l'exemple de plusieurs Chambres de Commerce qui ont fait connaître leur opinion avant nous, vous demanderez que la loi de 1838 soit maintenue dans sa forme comme dans son ensemble, et que, tout en y introduisant les modifications devenues nécessaires, elle soit conservée comme base de notre législation en matière de faillite.

Ceci dit, nous allons passer aussi rapidement que possible à l'examen du projet élaboré par la Commission de la Chambre des Députés, en nous arrêtant seulement aux articles qui nous paraissent susceptibles d'observations.

I

De la Liquidation judiciaire

Art. 437. — Le premier article du nouveau livre III du Code de Commerce, portant, comme dans le Code actuel, le n° 437, établit pour tout commerçant qui cesse ses paiements la faculté d'obtenir, sans passer par la faillite, le bénéfice d'une liquidation judiciaire et d'un concordat; les articles suivants déterminent à quelles conditions.

Art. 438. — *La liquidation judiciaire ne peut être ordonnée que sur requête présentée par le débiteur au Tribunal de Commerce de son domicile, dans les dix jours de la cessation de ses paiements.*

Il résulte de ce texte que les créanciers n'ont aucune qualité pour demander l'ouverture d'une liquidation judiciaire, ils sont obligés de subir toutes les conséquences de l'attitude prise par leur débiteur.

Cette disposition peut avoir des suites très sérieuses, car il ressort de tout l'ensemble du projet de loi ce fait, très grave et très important à observer, que la possibilité d'un concordat entre le débiteur et ses créanciers est absolument subordonnée à l'ouverture d'une liquidation judiciaire.

Sous le régime actuel, de quelque manière que la faillite soit déclarée, que ce soit d'office, sur dépôt de bilan, sur requête ou sur poursuite des créanciers, un concordat peut toujours intervenir, même dans le cas de banqueroute simple. Avec la loi projetée, si le débiteur ne se met point en mesure, ou n'est pas jugé digne d'obtenir la liquidation judiciaire, il n'est plus question de concordat, la faillite ne peut plus se régler que sous le régime de l'union.

Cette conséquence est rigoureuse ; elle se comprend cependant pour le débiteur, parce qu'il est tout naturel de mettre des conditions à la faveur, qui lui est offerte, d'éviter une faillite.

Mais elle ne peut s'expliquer de même à l'égard des créanciers dont les intérêts paraissent avoir été sur ce point beaucoup trop négligés. Il ne faut pas oublier, en effet, que très souvent les créanciers ne trouvent pas moins d'avantages que leur débiteur dans la formation d'un concordat ; ils ont, aussi bien que lui, tout intérêt à éviter une liquidation de faillite à l'état d'union, liquidation qui ne s'opère jamais, on ne le sait que trop, sans une notable déperdition sur l'actif à réaliser, et dont les lenteurs, comme les frais, sont de nouvelles causes de préjudice. Il arrive d'ailleurs assez souvent que les faillis trouvent dans leurs familles ou dans leur entourage, soit par la renonciation à certaines créances, soit autrement, le moyen d'offrir au concordat un dividende plus élevé. Si la loi est votée, les créanciers seront exposés à voir disparaître, dès le principe, par la faute de leur débiteur et sans qu'ils puissent y remédier, tout espoir de traiter avec lui et d'atténuer le désastre.

En somme, nous voyons dans la liaison absolue du concordat à la liquidation judiciaire et dans l'impossibilité de ce contrat, en cas de déclaration de faillite, une atteinte des plus graves aux intérêts des créanciers; c'est, selon nous, un défaut capital dans l'économie de la loi proposée; il suffirait à lui seul pour la faire rejeter.

Art. 439. — *La requête est accompagnée d'une liste indiquant le nom et le domicile de tous les créanciers.*

Si par mégarde, par ignorance ou volontairement, le débiteur en omet un ou plusieurs, quelle en sera la conséquence? Où est la sanction?

Art. 440. — *Le jugement qui déclare ouverte la liquidation judiciaire est délibéré en Chambre du conseil et rendu en audience publique.*

Mais il n'est ni publié ni affiché comme le veut actuellement l'article 442 du Code de Commerce.

Les auteurs du projet de loi déclarent dans leur rapport qu'ils ont voulu épargner au débiteur « l'irréparable blessure de la publicité. » Il nous semble qu'ici encore, en ménageant ce débiteur, ils se sont exposés à porter atteinte aux droits de ses créanciers, et même aux droits des tiers, qui ont, les uns comme les autres, un intérêt majeur à connaître la situation. Quelques créanciers peuvent avoir été oubliés sur la liste déposée avec la requête, comment seront-ils avertis, si le jugement n'est pas publié?

Ce serait d'ailleurs une illusion de croire que l'on assurerait ainsi au débiteur le secret de sa situation : il aura toujours à subir la publicité de l'audience, que l'on n'a pas osé supprimer ; le fait seul de la suspension de ses paiements et de la convocation de ses créanciers, aura bientôt répandu le bruit de sa déconfiture ; le projet de loi, lui-même, prévoyant le cas où les noms et domiciles de certains créanciers resteraient inconnus, confère (article 446) au juge-commissaire le pouvoir *d'ordonner que la convocation aura lieu par des insertions dans les journaux qu'il désigne,* ce qui n'est autre chose qu'une véritable publicité ; le même projet (article 460), rend le débiteur liquidé inéligible à certaines fonctions publiques, fait qui devient permanent et public ; sa situation ne peut donc rester secrète, il n'y a pas de motifs sérieux pour lui éviter la publication du jugement, le contraire serait préjudiciable à l'intérêt public.

L'article 440 dispose encore que le jugement contiendra nomination d'un juge-commissaire et d'un liquidateur, et ajoute que ce dernier *arrête et signe les livres du débiteur dans les vingt-quatre heures de sa nomination.*

Pour que cette prescription fut efficace, il faudrait d'abord se trouver toujours en présence d'une comptabilité régulière et tenue bien au courant ; on voit trop souvent le contraire.

Nous croyons en tous cas, que cette espèce de constatation d'écritures, ainsi faite par le liquidateur, est insuffisante ; nous ne voyons nulle part dans le projet de loi qu'il soit question d'inventaire ; c'est cependant une opération aussi nécessaire pour une liquidation judiciaire que pour une faillite ; dans un cas comme dans l'autre, la situation du débiteur doit être nettement établie, pour qu'elle puisse être intégralement soumise aux créanciers, et que tous les droits se trouvent convenablement garantis. Un inventaire sérieux peut seul atteindre à ce résultat ; si la loi était votée, il serait indispensable de combler cette lacune.

Art. 441 à 445. — A partir du jugement d'ouverture de la liquidation judiciaire, les dettes passives non échues deviennent exigibles, sans toutefois qu'il puisse être exercé aucune poursuite contre le débiteur, qui, de son côté, ne peut contracter aucune nouvelle dette, ni aliéner tout ou partie de son actif, sauf dans certains cas déterminés. Mais il n'est pas dessaisi de l'administration de ses biens ; il peut, sous la surveillance du liquidateur, surveillé à son tour par deux contrôleurs choisis parmi les créanciers, *procéder* lui-même *au recouvrement des effets et créances exigibles, faire tous actes conservatoires, procéder à la vente des objets sujets à dépérissement ou à dépréciation ou dispendieux à conserver, et continuer l'exploitation de son commerce ou de son industrie.*

Cette faculté, à peu près complète, de gérer et d'administrer, laissée au débiteur, est dangereuse et susceptible de très graves conséquences.

S'il n'est pas de bonne foi, il lui sera facile, connaissant ses affaires mieux que personne, d'éluder la surveillance du liquidateur : il est regrettable, en tous cas, de lui en donner la tentation. S'il est honnête, il restera toujours, par le fait même de sa situation, sous le coup de soupçons, qui, pour être mal fondés, ne le placeront pas moins vis-à-vis de ses créanciers dans une position délicate et embarrassante. On peut craindre, du reste, qu'il surgisse entre ce débiteur et son liquidateur de fâcheux désaccords, et par suite des tiraillements préjudiciables à la masse.

N'est-il pas à la fois plus simple et plus sûr de conserver le système actuel du dessaisissement jusqu'au concordat, régime qui ne frappe le débiteur que provisoirement, qui le met à l'abri de toute responsabilité envers ses créanciers dans un moment où leur défiance est justement excitée, et qui ne l'expose pas à les indisposer davantage à l'instant même où il a besoin de tout leur bon vouloir pour traiter avec eux ?

Art. 446. — Dans les trois jours du jugement, les créanciers sont convoqués à une première assemblée dans laquelle ils *désignent parmi eux deux contrôleurs qui devront vérifier, conjointement avec le liquidateur, l'état de situation du débiteur*, et qui sont en outre chargés de surveiller les opérations de ce liquidateur (ou de l'administrateur en cas de faillite) et de vérifier les livres.

Théoriquement, et à première vue, l'institution de ces contrôleurs semble bonne; mais, dans la pratique, les résultats seront à peu près nuls; ils peuvent même devenir nuisibles.

Dans beaucoup de faillites, on trouvera difficilement des créanciers qui consentent à accepter cette mission, avec la responsabilité et la perte de temps qu'elle entraîne. Ailleurs, on trouvera des contrôleurs; mais les uns ne prendront pas leur rôle suffisamment au sérieux, et leur influence sera nulle, tandis que d'autres s'en exagéreront l'importance, et alors il y aura presqu'inévitablement conflit entre débiteur, liquidateur et contrôleurs. Du reste, il est d'expérience que deux écueils sont à redouter quand il y a trop de personnes appelées à prendre part à la direction d'une affaire quelconque : ou elles sont tentées de trop compter les unes sur les autres, et tout reste en souffrance, ou elles se laissent aller à empiéter sur leurs attributions respectives, ce qui amène infailliblement le désaccord.

Nous croyons que dans l'espèce les contrôleurs ne sont pas nécessaires et peuvent être de trop, la surveillance du juge-commissaire suffit.

Art. 446 à 450. — Le projet de loi établit ensuite, en les abrégeant notablement, les délais de procédure relatifs à tout ce qui concerne la vérification des créances.

La première assemblée de créanciers, pour l'examen de la situation du débiteur et la nomination des contrôleurs, doit avoir lieu dans un délai maximum de quinze jours après le jugement d'ouverture.

Il n'y a pour la vérification des créances que deux assemblées tenues à quinze jours de distance, et, après un autre intervalle de quinze jours, les créanciers sont réunis de nouveau pour délibérer sur le concordat.

Les jugements sur contestations de créances doivent être rendus, soit par le Tribunal de Commerce, soit par le Tribunal civil, dans un délai de trois semaines, à compter du jour du renvoi par le juge-commissaire.

Toutefois, aucune disposition comminatoire ne vient sanctionner tous ces délais pour en assurer l'observation rigoureuse qui, d'ailleurs, serait, comme nous allons le voir, extrêmement difficile dans beaucoup de circonstances.

En principe, nous sommes partisans de toute abréviation de délai, car en matière de liquidation ou de faillite le temps est précieux ; mais il ne faut pas demander l'impossible.

Pour la vérification des créances, les lenteurs sont causées fréquemment par l'inertie des créanciers qui ne répondent pas aux appels ou aux convocations ; dans les liquidations importantes, le grand nombre des créances, et quelquefois leur nature douteuse, sont des causes légitimes de retards. Evidemment, les deux seules assemblées prescrites par le projet de loi seront très souvent insuffisantes.

Le délai de trois semaines imposé aux Tribunaux pour statuer sur les contestations de créances, sera trop court dans la plupart des cas. Les éventualités de défaut à la première citation, les expertises ou enquêtes que ces sortes de litiges nécessitent fréquemment, les incidents imprévus d'audience, sont autant de circonstances dont le Tribunal n'est pas maître et qui exigent du temps. Comment accorder tout cela avec la nature absolue et impérative du délai imparti ? Comment les créanciers pourront-ils délibérer utilement sur le concordat, tant que ces litiges resteront en suspens et le chiffre des créances incertain ?

Nous dirons donc avec la Chambre de Commerce de Lyon, s'expliquant sur la même question : « La matière requiert

» célérité ; mais ne serait-il pas imprudent d'introduire
» dans la loi des dispositions qui en paralyseraient l'éxé-
» cution, ou que l'on serait obligé de tourner par des expé-
» dients plus ou moins arbitraires ? »

Nous ajouterons que tout délai imposé aux Tribunaux a le double inconvénient de porter une certaine atteinte à leur dignité, et de les exposer à juger trop vite et sans examen suffisant. Le seul moyen convenable selon nous, pour abréger les contestations en matière de faillite, serait d'établir pour elles un tour de faveur qui en assurerait la prompte solution.

Art. 453. — Le projet de loi apporte une modification assez importante aux conditions nécessaires pour le concordat. D'après la loi actuelle, ce traité exige *le concours d'un nombre de créanciers formant la majorité, et représentant en outre les trois quarts de la totalité des créances vérifiées et affirmées, ou admises par provision*; le projet admet le principe des deux majorités, mais il réduit la majorité en somme *aux deux tiers de la totalité des créances.*

Quelques Chambres de Commerce approuvent cette modification, d'autres la repoussent ; nous partageons l'opinion de ces dernières.

On a dit en faveur de la réduction aux deux tiers que la volonté d'une seule personne, pourvu que sa créance s'élève au quart du passif, suffit aujourd'hui pour rendre le concordat impossible ; on a vu là un danger qui peut devenir fréquent en raison du développement du crédit, et l'on a voulu y parer. Ce danger nous paraît illusoire, parce que les gros créanciers sont tout naturellement plus portés que les autres à se rendre bien compte des ressources du débiteur ; qu'ordinairement ils connaissent mieux sa situation, et qu'ils ont, après tout, un plus grand intérêt à éviter une liquidation désastreuse.

On ne doit pas oublier que le vote du concordat a pour

effet d'obliger tous les créanciers dissidents ou absents; il y a là un pouvoir considérable, presque exhorbitant, confié à une majorité contre une minorité; il y aurait abus, si ce pouvoir était exercé contre une trop forte minorité.

Nous pensons que la loi actuelle n'a rien exagéré en prescrivant une majorité représentant les trois quarts du montant des créances; c'est une des dispositions du Code auxquelles il serait regrettable de toucher.

Une question non moins importante s'impose à notre examen à propos du concordat.

En 1871, notre Chambre de Commerce demandait que le débiteur ne put être affranchi de la faillite que dans le cas où le concordat assurerait aux créanciers un dividende de soixante-quinze pour cent au moins. Ce chiffre était très élevé; mais la Chambre demandait en même temps que le débiteur concordataire fut rétabli dans l'intégralité de ses droits civils et politiques. Il s'agissait d'une réhabilitation immédiate et complète, il fallait y attacher une sanction sérieuse et proportionnée à l'importance du bienfait. Aujourd'hui, nous admettons que le débiteur non failli et concordataire restera frappé de certaines incapacités dont nous allons parler dans un instant; il ne peut plus être question de lui imposer l'obligation d'un dividende aussi élevé.

Doit-on même fixer un minimum quelconque ?

Quelques Chambres, réprouvant les concordats obtenus au moyen de dividendes infimes, et voulant qu'il n'en soit jamais accordé qu'aux débiteurs réellement dignes de cette faveur, ont demandé, dans un intérêt de moralité, qu'aucun traité de cette nature ne puisse intervenir sans un minimum de dividende qu'elles fixent, les unes à vingt pour cent, les autres à trente ou à trente-trois pour cent.

Le projet de loi ne pose aucune limite. Il accorde le bénéfice de la liquidation judiciaire à toute espèce de concordat, pourvu qu'il n'existe pas en dehors de ce traité d'autres causes d'indignité.

Quant à nous, Messieurs, nous serions absolument contraires à tout minimum, si la loi devait être votée comme elle est proposée, c'est-à-dire si le concordat était déclaré impossible en dehors de la liquidation judiciaire. Nous avons fait ressortir plus haut combien ce système serait désavantageux pour les créanciers qui, le plus souvent, n'ont pas moins d'intérêt que le débiteur à ce qu'il intervienne un concordat; en apportant de nouvelles entraves à sa formation, on aggraverait encore la situation que leur réserve le projet, et, à ce sujet, nous dirions volontiers avec la Chambre de Commerce d'Amiens : « Pourquoi ne pas lais-
» ser aux créanciers leur entière liberté d'appréciation ?
» Pourquoi les priver d'un dividende de 5, 10, 15, 20 %
» si, comme cela arrive souvent, ce dividende ne peut être
» distribué que grâce à l'intervention d'amis ou de parents,
» qui ne consentent à un sacrifice qu'en y mettant pour
» condition l'obtention d'un concordat ?..... Il serait injuste
» de frapper d'avance, sans examen, par une disposition
» légale, le débiteur qui, bien qu'ayant perdu toute ou
» presque toute sa fortune, est de bonne foi, et en même
» temps de priver les créanciers d'une ressource qui leur
» est d'autant plus précieuse qu'ils sont plus malheureux. »

Ce langage, très juste au point de vue du projet de loi, serait aussi le nôtre si, comme la Chambre d'Amiens, nous admettions la liquidation judiciaire telle qu'on propose de l'organiser; mais nous ne l'admettons pas : nous demandons que, sauf les adoucissements nécessaires, la loi de 1838 soit maintenue dans son principe; nous voulons conséquemment, que le débiteur, lors même qu'il ne peut échapper à la faillite, conserve comme aujourd'hui la faculté de traiter avec ses créanciers. En cet état, un minimum de dividende devient simplement une limite imposée à la possibilité d'éviter la faillite, il n'empêche pas la formation d'un concordat

à des conditions inférieures; l'intérêt des créanciers est sauve-
gardé, tandis que d'un autre côté les questions d'ordre et
de convenances morales restent entières et indépendantes
de toute autre considération.

A ce dernier point de vue, il est juste d'exiger que le
commerçant au-dessous de ses affaires, qui aspire à être
affranchi de la faillite, en conservant une notable partie de
ses droits civils et politiques, soit en état de désintéresser ses
créanciers dans une certaine proportion. Nous estimons que
cette proportion serait convenablement fixée en obligeant le
débiteur qui veut éviter la qualification de failli, à assurer à
ses créanciers un dividende s'élevant au moins à vingt pour
cent du montant des créances; nous vous proposons, Messieurs, d'émettre un vœu en ce sens.

Art. 460. — Lorsque le concordat est homologué,
les effets du jugement d'ouverture de la liquidation judi-
ciaire cessent de plein droit; le débiteur n'encourt d'autre
incapacité que l'interdiction d'être élu membre du Tribunal
de Commerce, de la Chambre de Commerce, du Conseil
de Prud'hommes, et des Chambres consultatives des Arts
et Manufactures.

Nous trouvons cette disposition par trop favorable au
débiteur. A part l'interdiction d'être élu aux fonctions ci-
dessus dénommées, elle produit les mêmes effets qu'une
réhabilitation obtenue par le remboursement intégral de
toutes les dettes. La différence n'est pas assez marquée, et
le débiteur qui aura été ainsi rétabli dans la presque totalité
de ses droits civils et politiques sera moins porté à faire les
efforts nécessaires pour arriver à une réhabilitation complète.

D'ailleurs, un homme, si honnête qu'il soit, peut-il
être convenablement appelé à gérer les affaires publiques, à
devenir Conseiller municipal, Député, Sénateur, alors qu'il
n'a pas su conduire ses propres affaires? Sans doute on doit

tenir compte à ce débiteur de bonne foi de s'être arrêté à temps, d'avoir cherché, en se plaçant de suite sous l'égide de la loi, à ne pas infliger à ses créanciers des pertes plus considérables; le but sera suffisamment atteint si on lui rend l'exercice de son droit d'électeur, mais nous estimons qu'il doit rester inéligible à toute fonction publique.

II

De la Faillite

Cette partie du projet n'est, en général, que la reproduction de dispositions empruntées à la loi de 1838, mais on y rencontre quelques modifications qui ne peuvent être passées sous silence.

Art. 468. — Le premier article prescrit la déclaration de faillite par jugement rendu, soit d'office, soit sur la poursuite des créanciers dans les cas suivants :

Lorsque le débiteur ne s'est pas mis en mesure de demander la liquidation judiciaire dans le délai légal;

Lorsqu'au cours de cette liquidation, il a agi en fraude de la loi et des droits de ses créanciers;

Lorsqu'il n'a point obtenu son concordat, ou que ce concordat est annulé ou résolu;

Et enfin si, au cours de la liquidation judiciaire, il est condamné pour banqueroute simple ou frauduleuse.

Ces dispositions sont la conséquence du système de la liquidation judiciaire; elles n'appellent aucune réflexion.

Art. 470 et 494. — Le Tribunal, au lieu de nommer un syndic, nomme un administrateur de la faillite;

mais les attributions sont les mêmes, il n'y a que le nom de changé.

Nous n'apercevons pas les motifs et les avantages de ce changement ; la dénomination de syndic est consacrée par l'usage, nous demandons qu'elle soit conservée.

Art. 479 et 480. — Ces deux articles remplacent les articles 446 et 447 du Code, qui sont relatifs à la nullité de certains actes ou de certains paiements antérieurs à la faillite, et dont il est utile de rappeler le sens.

L'article 446 rend nuls de plein droit et sans effet relativement à la masse, lorsqu'ils ont été faits depuis l'époque de la cessation des paiements, ou dans les dix jours précédant cette époque, une série d'actes déterminés et, entre autres, tous paiements faits pour dettes échues, autrement qu'en espèces ou effets de commerce.

L'article 447 rend facultative, pour le Tribunal, l'annulation des paiements en espèces ou effets de commerce pour dettes échues, faits après la cessation des paiements et avant la déclaration de faillite, si, de la part de ceux qui ont reçu, ils ont eu lieu avec connaissance de la cessation des paiements.

Le projet de loi contient ici deux modifications importantes.

En premier lieu, on supprime la période suspecte de dix jours qui figure à l'article 446 ; désormais, toute espèce d'actes onéreux, toute espèce de paiements, pour dettes non échues comme pour dettes échues, seront inattaquables s'ils sont antérieurs à la cessation des paiements, fussent-ils même de la veille.

Nous ne saurions approuver cette innovation. C'est précisément dans les jours qui précèdent la cessation de ses paiements que le débiteur, sous le coup de réclamations nombreuses et pressantes, ne sachant où donner de la tête et voyant sa chute imminente, se trouve le plus exposé à subir la pression et à céder aux exigences de certains créanciers avides d'être payés quand même ; c'est alors surtout qu'il peut être tenté de se prêter à toutes sortes de combinaisons plus ou moins illégales, au risque de favoriser tel ou tel créancier au détriment des autres. Il est essentiel que les tribunaux restent armés contre ces manœuvres de la dernière heure, malheureusement trop fréquentes.

Le législateur de 1838 a fait acte de prudence en frappant de nullité les actes ou paiements illicites accomplis dans les dix jours qui précèdent la cessation des paiements ; d'accord avec la grande majorité des Chambres de Commerce, nous demandons le maintien de cette sage disposition.

En second lieu, le projet de loi enlève aux tribunaux la faculté d'appréciation qui leur était laissée pour les paiements en espèces ou effets de commerce pour dettes échues, effectués dans l'intervalle de la cessation des paiements à la déclaration de faillite : ces paiements sont placés dans la catégorie des actes énumérés à l'article 446 ; ils deviendront nuls de plein droit, par cela seul que le créancier aura reçu avec connaissance de la cessation des paiements.

Nous regretterions que les tribunaux fussent privés de la liberté d'appréciation que leur laisse l'article 447 actuel.

On ne doit pas perdre de vue qu'il s'agit ici de paiements pour dettes échues, exigibles par conséquent, et opérés en espèces ou effets, c'est-à-dire par les moyens ordinaires ; ils ne sauraient être, à première vue, réputés frauduleux, et invalidés sans examen.

Dans beaucoup de faillites, rien n'est plus incertain que l'époque précise à laquelle doit se placer la cessation des paiements, parce que la valeur et l'influence des faits qui la déterminent varient à l'infini, suivant les circonstances qui les accompagnent ; d'où il suit qu'un créancier peut très

bien avoir reçu de bonne foi et sans aucune intention de se
créer une position privilégiée, tout en ayant parfaite connaissance d'un fait qui, à ce moment, pouvait paraître sans
conséquence, bien que plus tard le Tribunal l'ait regardé
comme devant constituer le point de départ de la cessation
de paiements. Tout se réduit donc, sur ce point délicat, à
des questions qui rentrent essentiellement dans le domaine
de l'appréciation et qui peuvent, suivant les cas, être aussi
justement résolues dans un sens que dans l'autre. La diver-
sité des solutions intervenues en est la meilleure preuve.

Tous les magistrats qui ont rempli les fonctions de juge-
commissaire ont pu remarquer avec quelle exagération certains syndics cherchent à attaquer des paiements quelquefois
très sérieux et parfaitement légitimes, en invoquant les
moindres prétextes. Il appartient aux tribunaux de répri-
mer ces excès de zèle, et à la loi de leur en donner les
moyens.

Art. 518. — Une autre modification à la loi actuelle
consiste à rendre au failli déclaré excusable l'exercice de
ses droits électoraux suspendus par la déclaration de faillite,
sans toutefois qu'il puisse redevenir éligible à aucune fonction publique.

Suivant la loi de 1838, la déclaration d'excusabilité avait
pour effet d'affranchir le failli des poursuites exercées contre
sa personne; la suppression de la contrainte par corps a
enlevé beaucoup d'importance à cette déclaration d'excusabilité, elle n'est plus aujourd'hui qu'une sorte de satisfecit
accordé au failli.

Nous ne croyons pas qu'il y ait lieu de faire plus pour un
homme qui s'est laissé acculer à la faillite.

En réformant la loi actuelle, on doit surtout viser à encourager les commerçants embarrassés à déposer leur bilan;
pour arriver à ce but, il est convenable d'accorder un
certain degré de réhabilitation au débiteur qui déclare

franchement sa situation et n'hésite pas, lorsqu'il en est temps encore, à se mettre sous la protection de la loi pour liquider ses affaires ; mais ce serait une inconséquence d'accorder une faveur de cette nature, si restreinte qu'elle soit, au failli qui ne s'est pas conformé aux prescriptions légales.

III

Des Dispositions communes aux liquidations judiciaires et aux faillites

Art. 528 et suivants. — Nous nous sommes déjà expliqué (art. 446 du projet) sur l'inutilité des contrôleurs. L'examen des fonctions qui leur sont attribuées par les articles 528 et suivants ne modifie nullement notre opinion. Nous voyons dans leur intervention une source de conflits, sans avantages sérieux.

Art. 533. — La production se fait au moyen de bordereaux de production signés par le créancier, déposés par lui au greffe, et terminés par ces mots : *J'affirme que ma présente créance est sincère et véritable.*

Cette déclaration remplace le serment d'affirmation prescrit par l'article 497 du Code actuel, qui est supprimé.

Nous ne saurions approuver cette suppression.

Le serment entre les mains du juge-commissaire, et le plus souvent d'après une coutume généralement usitée, en présence des autres créanciers, a une toute autre valeur qu'une simple affirmation par écrit; c'est une importante garantie d'exactitude et de sincérité, il serait extrêmement regrettable d'y renoncer.

Art. 559 et suivants. — Les articles 559 à 564 ne sont que la reproduction des dispositions du Code sur les droits des femmes en matière de faillite. Nous pensons que ce chapitre pourrait être utilement modifié sur deux points.

En premier lieu, l'article 563 assure à la femme du commerçant failli une hypothèque légale sur les immeubles du mari, non—seulement pour la garantie des biens, meubles ou immeubles, qu'elle a apportés en mariage, ce qui est très juste, mais aussi *pour l'indemnité des dettes par elle contractées avec.son mari.*

Cette dernière disposition amène souvent des résultats entièrement opposés au principe d'égalité de traitement pour tous les créanciers, principe qui doit toujours être respecté en matière de faillite.

Il n'est pas rare, lorsqu'un sinistre commercial devient imminent et que la cessation de paiements existe déjà de fait, de voir des créanciers chercher à se procurer et obtenir en effet un engagement de la femme, s'obligeant conjointement et solidairement avec son mari. Qu'arrive-t-il alors après la faillite déclarée? La femme, armée du dernier paragraphe de l'article 563, exerce son recours sur les biens de son mari; elle est indemnisée de l'engagement qu'elle a pris envers le créancier, et peut désintéresser celui-ci sans toucher à son avoir personnel.

Aux termes de l'article 446 du Code de Commerce, une inscription hypothécaire prise par le même créancier directement sur les biens du failli serait nulle de plein droit, si elle était postérieure à la cessation des paiements ou placée dans les dix jours qui précèdent; à l'aide de l'article 563, ce que le créancier n'a pu faire en s'adressant au failli, il le réalise par la femme; le but est atteint, mais le principe d'égalité est violé au détriment de la masse des créanciers et contre le vœu de la loi.

Il est vrai que l'on a sérieusement contesté la validité
d'un engagement contracté dans de telles conditions; la
question a été longuement controversée, plusieurs décisions
judiciaires ont été rendues dans le sens de la nullité, mais
l'opinion contraire a fini par prévaloir, et la jurisprudence
actuelle, consacrée par la Cour de cassation (arrêt du 27
avril 1881) reconnait en principe que l'engagement de la
femme pour ou avec son mari, même après la cessation des
paiements, et alors qu'elle en a connaissance, est parfaitement valable et doit recevoir son exécution.

Nous croyons qu'il est très désirable et nous vous proposons de demander que l'article 563 soit modifié de telle sorte
que l'engagement de la femme, garantissant la dette de son
mari, soit désormais soumis aux dispositions de l'art. 446,
et subisse le même sort que l'obligation prise directement
par ce dernier.

En second lieu, le chapitre relatif aux droits des femmes
nous suggère une observation touchant certains frais qui
incombent aux faillites et qui nous paraissent frustratoires;

Presque toujours la femme du commerçant qui vient
d'être déclaré en état de faillite, s'appuyant sur l'art. 1443
du Code civil, forme sa demande en séparation de biens
contre son mari et contre le syndic qu'elle est obligée de
de mettre en cause comme gérant les affaires du failli. Ces
sortes de demandes ne sont point contestables, le Tribunal
y fait toujours droit, mais il condamne aux dépens les deux
défendeurs, c'est-à-dire le mari, qui est sans ressources,
et le syndic, qui n'a point eu à contester et dont la mise en
cause a été de pure forme; en fait, la faillite seule supporte
ces dépens qui sont prélevés par privilège sur la masse
active. Ce sont des frais injustes et d'autant plus vexatoires
pour les créanciers, que cette séparation, tout à leur détriment, est souvent prononcée au profit d'une femme qui
a collaboré aux affaires de son mari, qui, par ses agissements,

a pu contribuer pour beaucoup à sa perte, et dont la responsabilité est par suite moralement compromise.

Il y a là un abus qu'il importerait de faire disparaître.

Le meilleur moyen serait d'insérer dans la loi une disposition portant que la séparation de biens résultera de plein droit du jugement déclaratif de faillite, et ne donnera lieu à aucune espèce de frais à la charge des créanciers.

Cette solution demande à être étudiée au point de vue du droit, nous l'indiquons seulement : si elle présentait de sérieuses difficultés, on pourrait au moins mettre les frais de cette demande, intentée pour la forme, à la charge de la femme, à qui le bénéfice de la séparation de biens n'est contesté par personne, et qui seule en profite. On devrait en tous cas ordonner que ces frais ne seront plus privilégiés, et dire que la femme en sera indemnisée au marc le franc comme s'il s'agissait d'une créance ordinaire.

IV

Des Banqueroutes

Le titre quatrième du projet de loi reproduit les dispositions actuellement en vigueur sur les banqueroutes simples et sur les banqueroutes frauduleuses, mais il précise davantage les faits qui déterminent de plein droit la banqueroute simple, en y ajoutant certains cas jusqu'alors insuffisamment désignés ou simplement laissés à l'appréciation du juge, notamment, la création ou la négociation des effets de complaisance, les traités secrets avec les créanciers, les avantages particuliers concédés au détriment de la masse, et autres faits de ce genre.

Nous ne croyons pas nécessaire d'entrer ici dans un examen détaillé, mais nous n'hésitons pas à approuver cet accroissement de sévérité contre le débiteur reprochable. Il est d'intérêt public que les agissements coupables soient sérieusement réprimés.

V

De la Réhabilitation

Art. 601. — Le projet de loi déclare que *la réhabilitation seule rétablit le commerçant déclaré en état de liquidation judiciaire ou de faillite, dans la plénitude de ses droits civils et politiques.*

Il n'apporte aucun changement dans la procédure établie pour l'obtenir.

Art. 602. — Les conditions imposées à toute demande en réhabilitation consistent, comme dans la loi de 1838, dans le paiement intégral, en capital, intérêts et frais, de toutes les sommes restant dues par le failli.

Mais, pour faciliter la réhabilitation, les auteurs du projet de loi ajoutent, à titre de disposition nouvelle, que *les sommes revenant aux créanciers décédés dont les héritiers sont inconnus, ainsi qu'à ceux qui ont disparu ou dont le domicile n'est pas connu, peuvent être déposées en leur nom à la Caisse des Dépôts et Consignations, et que la justification du dépôt équivaudra à la quittance dans la procédure en réhabilitation.*

Sous le régime actuel, la réhabilitation est complètement

impossible quand le failli ne sait plus où trouver ses créanciers. Ce fait est assez fréquent, en raison du temps prolongé qui est indispensable au débiteur pour rétablir ses affaires ; mais il est indépendant de la volonté de ce dernier, qui en subit malgré lui et bien injustement les conséquences, et qui se voit privé de tout espoir d'arriver au but honorable auquel une partie notable de son existence a été consacrée.

Aussi, approuvons-nous pleinement le dépôt à la Caisse des Dépôts et Consignations comme moyen de libération offert au débiteur, quand le créancier est inconnu.

Du reste, il nous paraît tellement opportun de rendre la réhabilitation plus accessible, que nous croyons devoir demander dans ce but une autre modification à la loi.

L'obligation imposée au débiteur de payer non-seulement le capital restant dû, mais encore l'intérêt de ce capital, est extrêmement rigoureuse, si rigoureuse qu'elle est rarement exécutée comme la loi l'entend.

Ordinairement, quand un failli pense à se réhabiliter, la date de sa faillite remonte très loin en arrière ; l'intérêt calculé à cinq pour cent, sans capitalisation, égale le capital au bout de vingt ans, et vingt ans, c'est bien peu pour reconstituer une fortune ! Aussi arrive-t-il pour beaucoup d'instances en réhabilitation que le capital restant dû au moment de la faillite se trouve plus que doublé. Cette nécessité d'ajouter au capital une somme considérable à titre d'intérêts, entrave considérablement la réhabilitation ; le plus souvent elle formerait un obstacle insurmontable, si les créanciers ne consentaient pas à faire secrètement au débiteur la remise des intérêts.

C'est là, en effet, ce qui se passe très fréquemment. Le créancier, à qui l'on offre le remboursement d'un capital sur lequel il ne comptait plus, charmé de cette rentrée inespérée, est tout disposé à la bienveillance envers son débiteur ; il ne se montre pas exigeant ; pour s'assurer le capital il renonce volontiers aux intérêts, il en donne quittance pour la forme, et la réhabilitation devient possible, mais c'est à l'encontre des prescriptions légales qui sont éludées.

Ne serait-il pas préférable de faire entrer dans la loi ce procédé illégal qui est presque toujours employé, procédé dont la répression est à peu près impossible, et sans lequel, il faut bien en convenir, la plupart des demandes en réhabilitation n'auraient aucune chance de succès?

Nous n'hésitons pas à répondre affirmativement. Nous croyons qu'il est de toute convenance d'encourager sérieusement et de donner toutes les facilités désirables à ces sortes de demandes, inspirées ordinairement par un sentiment des plus respectables. On ne saurait trop louer le commerçant déchu qui a la noble ambition de recouvrer son honneur perdu; quelquefois ce sont des enfants qui tiennent à effacer la honte de leur père en réhabilitant sa mémoire, ils méritent à un plus haut degré encore la bienveillance et l'appui du législateur.

Toutefois, les atténuations à apporter aux conditions rigoureuses imposées pour la réhabilitation ne sauraient, sans injustice, porter atteinte aux droits imprescriptibles du créancier. Il devra toujours rester libre d'exiger, si bon lui semble, les intérêts comme le capital, mais nous voudrions qu'il put y renoncer ostensiblement et légalement. Dans ce but, nous vous proposons de demander que la justification du paiement du capital suffise dorénavant pour obtenir la réhabilitation, pourvu que le débiteur produise en même temps une déclaration du créancier portant renonciation aux intérêts.

Quant aux sommes dues à des créanciers inconnus ou introuvables, le dépôt à la Caisse des Dépôts et Consignations pourrait être restreint au capital seulement, s'il était justifié que tous les créanciers connus ont fait remise des intérêts. Dans le cas contraire, le montant des intérêts devra être également déposé; mais nous pensons qu'il serait opportun, en raison de l'abaissement général du prix de l'argent, d'adoucir la rigueur de cette obligation, en limitant à trois pour cent le taux des intérêts à déposer.

VI

De la modification
relative aux Effets de commerce

L'article 163 du Code de Commerce, au titre de la lettre de change, dit que *dans le cas de faillite de l'accepteur avant l'échéance le porteur peut faire protester et exercer son recours.*

L'article 444 (2me §) du même Code, au titre de la faillite, dispose qu'*en cas de faillite du souscripteur d'un billet à ordre, de l'accepteur d'une lettre de change, ou du tireur à défaut d'acceptation, les autres obligés seront tenus de donner caution pour le paiement à l'échéance, s'ils n'aiment mieux payer immédiatement.*

Du rapprochement de ces deux textes, il résulte qu'en cas de faillite du principal obligé, le montant de tout effet de commerce devient, comme toute autre dette non échue, exigible de suite non-seulement à l'égard du failli, mais aussi pour tous ses co-obligés.

La Commission de la Chambre des Députés, trouvant cette obligation trop onéreuse pour les endosseurs, n'a pas reproduit dans son projet de loi les dispositions du deuxième paragraphe de l'article 444, et pour l'article 163 elle propose de remplacer le texte cité plus haut par la rédaction suivante :

Dans le cas de liquidation judiciaire ou de faillite de l'accepteur avant l'échéance, le porteur peut faire protester, mais il ne peut exercer son recours qu'après l'échéance, et les délais qui lui sont impartis par les articles suivants ne courent qu'à compter du lendemain de cette échéance.

Cette modification est une très grave atteinte à la législation sur la lettre de change; pour la justifier, la Commission parlementaire fait valoir surtout « l'injustice et le danger » des dispositions actuelles.

« Lorsqu'un commerçant, dit-elle, reçoit par endosse-
» ment un effet sur lequel figurent plusieurs obligés, tenus
» solidairement à son égard, il sait qu'il a, jusqu'à l'é-
» chéance, à courir les chances de l'insolvabilité de chacun
» d'eux; dès lors, la loi ne doit pas modifier à son avantage
» un contrat qui a été librement consenti, et lui fournir des
» sûretés sur lesquelles il n'a pas dû compter.

» Si la déchéance du terme est équitable à l'égard de
» celui qui cesse ses paiements, elle est profondément in-
» juste quant à celui qui, étant endosseur d'un effet, a
» donné sa signature sous la condition qu'il ne devrait rien
» avant le jour de l'échéance, et dont rien ne permet de
» suspecter la solvabilité; or, sous le prétexte que l'un des
» obligés a manqué à ses engagements, l'ancien article 444
» forçait ses co-obligés à donner une caution qui, dans la
» pratique, s'achète à beaux deniers comptants, ou à perdre,
» depuis le jour de la faillite du souscripteur jusqu'à l'é-
» chéance de l'effet, les intérêts de son capital. Ce commer-
» çant à disposé ses affaires pour être prêt à payer au jour
» promis, et on l'oblige à des sacrifices qui peuvent le gêner
» profondément au moment d'une crise commerciale en-
» traînant la chute d'un grand nombre de ses co-obligés.
» C'est nuire au crédit d'une manière dangereuse, et nous
» demandons à la Chambre d'effacer entièrement cette
» partie de l'article 444. »

Nous regrettons de ne pouvoir partager l'avis de la Commission parlementaire, et nous ne voyons pas où se trouvent, dans les dispositions actuellement en vigueur, « l'injustice et le danger. »

Au point de vue du droit et de l'équité, c'est précisément parce que le porteur d'un effet de commerce sur lequel figurent plusieurs plusieurs obligés « a, jusqu'à l'échéance, à courir les chances de l'insolvabilité de chacun d'eux, » qu'il nous paraît juste de lui fournir les moyens de parer aux conséquences de cette insolvabilité.

En matière de faillite, l'exigibilité immédiate des dettes non échues est de principe rigoureux, et doit servir de base à l'établissement des droits de chacun.

La lettre de change n'est qu'une forme particulière donnée à la dette, en vertu d'un contrat qui se forme entre le tiré accepteur et le tireur, ou, s'il s'agit d'un billet à ordre. entre le souscripteur et le bénéficiaire. Si la déchéance du terme est équitable, comme on le reconnaît, à l'égard du principal obligé qui cesse ses paiements, nous ne pouvons admettre qu'elle soit injuste quant à l'endosseur.

Le premier bénéficiaire, en effet, en cédant son titre à un tiers, ne peut ni en changer la nature, ni atténuer les droits qui y sont attachés. S'il avait conservé ce titre dans son portefeuille, il pourrait le faire valoir dès le lendemain de la faillite; en le passant à une tierce personne, il transmet à cette personne tous ses droits contre le souscripteur, mais il devient lui-même garant de celui-ci, et se met à sa place au regard de son cessionnaire; conséquemment il ne saurait, sans injustice, retenir pour lui seul le bénéfice de la déchéance du terme; la solidarité qui résulte de l'endos a pour résultat logique de l'obliger lui-même au remboursement immédiat (ou à la caution) au lieu et place du principal obligé failli, car c'est seulement au moyen de ce remboursement qu'il rentrera en possession de son titre et de ses droits contre ce dernier.

Ce que nous venons de dire pour un premier endosseur est évidemment applicable à chacun des endosseurs successifs; ils se rendent tous garants solidaires d'une dette qui peut devenir exigible à un moment donné, il est juste qu'ils soient eux-mêmes soumis à cette chance d'exigibilité.

Quant au danger de nuire au crédit et de gêner les commerçants, on peut répondre qu'en utilisant pour ses propres paiements l'effet qu'il a entre ses mains, l'endosseur n'ignore pas la responsabilité qu'il encoure et se soumet par le fait à en courir les risques. C'est la contre-partie des services importants que l'usage de la lettre de change et du billet à ordre rend au commerce, la compensation juste et inévitable des ressources considérables qu'il trouve dans leur circulation.

Le danger, du reste, n'est pas grand. En fait, quand un commerçant fait faillite, les billets qu'il a souscrits, et qui sont en circulation, sont ordinairement retournés en compte d'endosseur à endosseur; ils rentrent, de cette façon, entre les mains du bénéficiaire primitif, qui seul exerce ses droits de créancier.

Le véritable danger se trouverait dans la modification proposée. Si elle était adoptée, la lettre de change serait notablement dépréciée, et la négociation en deviendrait difficile, parce que le porteur privé du droit d'exercer son recours immédiat n'aurait plus entre les mains qu'un titre sans valeur et inutile jusqu'à l'échéance.

D'ailleurs, aucune plainte, à notre connaissance, n'a été formulée contre le régime actuel, qui est parfaitement entré dans les habitudes et dans les relations commerciales; la réforme proposée n'est réclamée par personne; si elle n'était pas nuisible, elle serait tout au moins inopportune.

RÉSUMÉ & CONCLUSIONS

Nous arrêtons ici, Messieurs, les observations que nous avons cru devoir vous présenter sur l'intéressante question qui nous préoccupe.

Nous avons essayé d'établir que, pour améliorer le sort des débiteurs malheureux et de bonne foi, frappés trop rigoureusement par la législation actuelle, il suffirait de modifier la loi de 1838, sans qu'il soit nécessaire de refondre entièrement le Code, ainsi que le propose la Commission de la Chambre des Députés.

Examinant ensuite le projet de loi dans ses détails, nous avons signalé les principaux défauts que nous croyons pouvoir lui reprocher; ils se résument ainsi :

Intérêts des créanciers compromis par l'impossibilité absolue d'un concordat, s'il intervient une déclaration de faillite ;

Défaut de publicité du jugement d'ouverture de la liquidation judiciaire ;

Absence d'inventaire pour la liquidation judiciaire ;

Pouvoir d'administrer imprudemment laissé au débiteur;

Création inutile, et peut-être nuisible, des contrôleurs;

Délais imposés, trop courts dans certains cas pour la vérification des créances, et pour les jugements, contraires à la dignité des tribunaux, les exposant à juger avec précipitation ;

Réduction regrettable de la majorité en somme, nécessaire pour le concordat, aux deux tiers du montant des créances;

Substitution inutile du nom d'administrateur de la faillite à celui de syndic ;

Suppression dangereuse de la période de dix jours précédant la cessation des paiements pour la nullité des actes
ou paiements effectués en fraude des droits des créanciers,
et abolition de la faculté d'appréciation laissée aux tribunaux par l'article 447 du Code de Commerce pour l'annulation de certains autres actes ou paiements dont le caractère
frauduleux reste incertain;

Et enfin, suppression du serment d'affirmation pour l'ad-
mission des créances.

Nous avons passé sous silence plusieurs autres innovations plus ou moins critiquables, mais qui ne nous ont pas
paru mériter une mention spéciale en raison de leur importance moindre. Les reproches que nous venons d'énu-
mérer vous paraîtront sans doute suffisants, Messieurs, pour
motiver de votre part un avis contraire à la réforme trop
radicale et trop complexe qui est proposée.

Nous ne voulons cependant pas terminer sans rendre un
juste hommage aux auteurs du projet de loi. En cherchant
à protéger le commerçant malheureux, mais honnête, ils
ont répondu au sentiment public et essayé de satisfaire à
un besoin depuis longtemps signalé; qu'ils nous permettent
de les en remercier, en louant sans réserve leurs excellentes
intentions; nous regrettons de ne pouvoir approuver de
même l'œuvre qu'ils ont mise au jour.

Pour conclure, nous vous proposons, Messieurs, de re-
nouveler, en le modifiant, le vœu que notre Chambre a déjà
exprimé en 1871, c'est-à-dire la déclaration provisoire de
suspension de paiements jusqu'à la délibération relative au
concordat, pour tout commerçant qui dépose son bilan conformément aux prescriptions légales, et la possibilité, pour
ce commerçant, s'il obtient son concordat, d'être affranchi
par le Tribunal de la qualification de failli. Indépendam-
ment de cette réforme principale, nous avons traité, au

cours de ce rapport, diverses questions accessoires, mais non moins importantes, sur lesquelles nous avons exprimé notre opinion ; si vous partagez notre avis, nous vous proposerons d'émettre les vœux suivants :

1° Qu'il ne soit pas donné suite au projet de loi préparé par la Commission de la Chambre des Députés, et que, sauf les modifications suivantes, la loi de 1838 soit conservée dans son ensemble comme loi fondamentale et organique de la faillite ; -

2° Que, par modifications aux articles 437 et suivants du Code de Commerce, tout commerçant, qui n'a point encore été en état de faillite, qui cesse ses paiements, et qui en fait la déclaration au greffe du Tribunal de Commerce conformément aux prescriptions des articles 438 et 439, ne soit tout d'abord déclaré *qu'en état de suspension de paiements;*

3° Que le commerçant, ainsi déclaré *en état de suspension de paiements,* soit néanmoins soumis à toutes les prescriptions renfermées au titre I du livre III du Code de Commerce, et qu'il subisse provisoirement toutes les incapacités légales attachées à la qualification de failli ;

4° Que si, après toutes les vérifications de créances et autres opérations préliminaires ordonnées par la loi, il intervient entre le débiteur et ses créanciers un concordat assurant à ceux-ci un dividende représentant au moins vingt pour cent du montant total des créances, les créanciers soient appelés, immédiatement après le vote du concordat, et à la seule majorité en nombre, à déclarer s'ils sont d'avis que leur débiteur reste affranchi de la faillite ; et que le Tribunal, en homologuant le concordat, ait la faculté, après avoir apprécié les causes de la cessation de paiements ainsi que les circonstances qui l'ont accompagnée ou suivie, de décider souverainement et d'affranchir définitivement de la qualification de failli le débiteur qu'il jugera digne de cette faveur;

5° Que le débiteur, ainsi affranchi de la qualification de failli, rentre immédiatement dans la jouissance et l'exercice de ses droits civils, politiques et commerciaux, en demeurant toutefois incapable d'être élu à toute espèce de fonctions publiques ;

6° Qu'en cas de non concordat, de clôture pour insuffisance d'actif, ou d'indignité du débiteur, il soit, de plein droit, déclaré en état de faillite et frappé de toutes les incapacités légales qui en sont la conséquence ;

7° Que, par modification au dernier paragraphe de l'article 563 du Code de Commerce, l'obligation de la femme pour les dettes contractées avec son mari ou garanties par elle, et par suite l'hypothèque légale qui l'indemnise du paiement de ces dettes, soient soumises aux dispositions de l'article 446 du même Code et subissent le même sort que les engagements et les inscriptions hypothécaires directement consentis par le mari ;

8° Que, désormais, la séparation de biens résulte, de plein droit, au profit de la femme, du jugement déclaratif de suspension de paiements ou de faillite, de façon à ne donner lieu à aucuns droits et frais à la charge de la masse des créanciers ; que, si cette modification présentait des inconvénients sérieux, et qu'il fut reconnu nécessaire de maintenir le jugement spécial de séparation, les droits et frais engendrés par ce jugement restent pour le compte de la femme à qui seule il profite; que, dans tous les cas, ces frais cessent d'être privilégiés;

9° Que l'on révise, en les précisant davantage, la nomenclature des faits désignés à l'article 585 du Code de Commerce comme entraînant de plein droit la banqueroute simple; que l'on y ajoute certains actes reprochables, devenus trop fréquents, notamment, le défaut de comptabilité régulière et d'inventaire annuel conformes aux prescriptions de l'article 8 du Code de Commerce, la création ou la négociation des effets de complaisance, et les achats de vote dans les assemblées de créanciers;

10° Que, par modification à l'article 604 du Code de Commerce, et pour rendre possible la réhabilitation après faillite remontant à une époque éloignée, le paiement du capital restant dû soit seul exigé, quand il sera justifié que le créancier consent à faire remise des intérêts; que, par addition au même article, il soit dit qu'à l'égard des créanciers inconnus ou introuvables, le débiteur peut s'acquitter valablement par la justification du dépôt à la Caisse des Dépôts et Consignations, du capital seul, si tous les créanciers connus ont renoncé aux intérêts, et du capital avec les intérêts à trois pour cent, si tous n'ont pas consenti à cette renonciation;

11° Qu'il ne soit fait aucun changement aux articles 163 et 444 du Code de Commerce relatifs aux droits et obligations résultant des effets de commerce en cas de faillite de l'obligé principal.

DÉLIBÉRATION

La Chambre,

Après avoir entendu le rapport qui précède et en avoir délibéré, adoptant les motifs qui s'y trouvent développés, en approuve à l'unanimité les conclusions et déclare convertir en délibération les vœux formulés par sa Commission.

Elle décide que le rapport et la présente délibération seront envoyés à M. le Ministre du Commerce, ainsi qu'à MM. les Sénateurs et Députés de l'Aube.

Fait et délibéré à Troyes, le 7 Octobre 1885.

Le Président,

F. FONTAINE.

Le Secrétaire-Trésorier,

G. MASSON.

IMPRIMERIE DUFOUR-BOUQUOT
TROYES

9 782019 222321